Heinz und Bodo Rasch

Der Stuhl

Akademischer Verlag Dr. Fritz Wedekind & Co., Stuttgart

Druck von Heinrich Fink, Stuttgart, Eugenstraße 3.
Mit wenigen Ausnahmen wurden die Photos angefertigt
von der Lichtbildwerkstätte A. Ohler, Stuttgart,
Tübingerstraße 20. Copyright by Akademischer Verlag
Dr. Fritz Wedekind & Co., Stuttgart.

Nachdruck mit freundlicher Genehmigung der Autoren.
Gesamtherstellung Druckerei Rünzi GmbH, Schopfheim.
© 1992 Vitra Design Museum, Weil am Rhein, und die
Autoren.
ISBN 3-980 2539-9-6

Der moderne Mensch ist an den Platz seiner Tätigkeit gebunden.

Er muß für längere Zeit an der Schreibmaschine arbeiten oder an der Hebelpresse, einer Konferenz beiwohnen oder einem Konzert, am Reißbrett zeichnen oder Akten durchsehen. Er ist passiv oder aktiv für mehr oder weniger längere Zeit an ein- und derselben Stelle tätig.

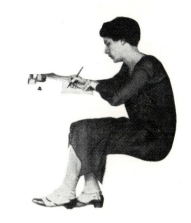

Diese Arbeiten erfordern Konzentration einer Reihe körperlicher Organe: Augen, Hände, Kopf, wirken konzentriert zusammen. Alle andern Organe: Beine, Rumpf usw. haben dabei nur die Aufgabe, die arbeitsleistenden Organe zu tragen, zu stützen. **Die Kraft, die man jenen zuführen muß, geht diesen verloren.**

Man ist also bestrebt, die nichttätigen Organe zu entlasten. Man sucht sie durch äußere Hilfskräfte zu ersetzen. **Man stützt den Körper ab,** als ob er keine Beine, keinen Rumpf hätte. Die Abstützung muß sich nach der Art der Tätigkeit richten. Sie soll möglichst hundertprozentig sein, aber auch den Bewegungsbereich nicht hemmen. Das Ideal: sie müßte den Bewegungen folgen, den Änderungen der Haltung nachgeben.

Diese Unterstützung ist der **Stuhl**

schon seit ältesten Zeiten.

Kastenstuhl aus dem XVII. Jahrhundert (Italien)

Stein-Thron in der Kirche St. Balbina-Rom

Fabrik-Stuhl
aus gebogenem Buchenholz

Schreibtisch-Stuhl

Verstellbarer Frisierstuhl

Für die verschiedenen Haltungen des Körpers gibt es verschiedene Stühle.

Alle Entwicklung heißt Verbesserung.

Die Verbesserung des Stuhles betrifft

1. seine **Festigkeit.** Das Lebensalter durchschnittlicher Zargenstühle beträgt 3—4 Jahre. Dann geht das Reparieren los. Nur die wenigsten entschließen sich dazu, sie fortzuwerfen und zu ersetzen. Mit Recht. Denn die Anschaffung eines Stuhles ist nicht billig.

2. seine **Leichtigkeit.** Der Stuhl ist ein Möbel, von allen Möbeln dasjenige, das am meisten transportiert wird. Es muß dem Menschen folgen, wo er der Unterstützung bedarf. Fast wie ein Spazierstock. Täglich transportiert die Hausfrau die Stühle in den Zimmern umher, um den Boden bequem säubern zu können. Millionen von Stühlen werden in Restaurants, Kaffeewirtschaften, Büros abends nach Schluß auf die Tische gestellt zu dem gleichen Zweck. Der Stuhl muß leicht sein, damit eine gründliche Reinigung gewährleistet ist, nicht unnötige Kraft vergeudet wird und daß man ihn überall zu seiner Unterstützung zur Hand hat.

3. seine **Bequemlichkeit.** Der Stuhl ist eine Entlastung des Körpers. Sicherlich keine hundertprozentige, sondern nur eine teilweise. Es liegt aber an seiner Ausbildung, ob er zu zehn oder zwanzig oder fünfzig Prozent den Körper zu entlasten vermag. Die Holzklasse der Deutschen Reichsbahn besitzt Bänke, die sicher besser als gar keine sind. Aber wer hierin zu einer längeren Reise verurteilt ist, spürt die „Reisestrapazen" ehrlich am eigenen Leibe. Und wie angenehm ist das Reisen dem gegenüber in der Polsterklasse. Das Polster gibt den ständigen Bewegungen des Körpers, seinen Lageveränderungen in verhältnismäßig weitgehendem Maße nach. Oder man denke an den Büroangestellten in veralteten Einrichtungen, der auf hohem Hocker, über das Pult gebeugt, den ganzen Tag sitzen muß. Und dem gegenüber einen amerikanischen Arbeitssessel, elastisch, einstellbar auf die individuelle körperliche Beschaffenheit.

4. seine **Billigkeit.** Der Stuhl war in alten Zeiten das Vorrecht weniger Begüterter, in ältesten sogar nur das des Fürsten. Unsere Zeit verlangt für alle Menschen diesen Comfort. Wir wissen, daß er nur der Arbeitsleistung zugute kommt. Die Marterung auf der 4. Klasse Holzbank ist eine Sinnlosigkeit und nicht durch einen geringeren Fahrpreis berechtigt.

In diesen **4 Forderungen** ist die Verbesserung des Stuhles enthalten.

Wie sie erfüllen?

Das Handwerk hat sein Bestes getan.

Fester Verband

Ausgeschweifte Lehne

Alle Teile so dünn und leicht wie möglich zugearbeitet

Es hat gute Konstruktionen, ausgezeichnete Holzverbände ausgedacht. Es hat die Hölzer an den wenig beanspruchten Teilen dünn, so dünn wie möglich zugearbeitet.
Es hat die Hölzer ausgeschweift, die Sitzfläche der Körperform entsprechend ausgehöhlt, es hat durch Holzbearbeitungsmaschinen sich bemüht, den Arbeitsaufwand zu verringern und den Preis des Stuhles niedrig zu halten.

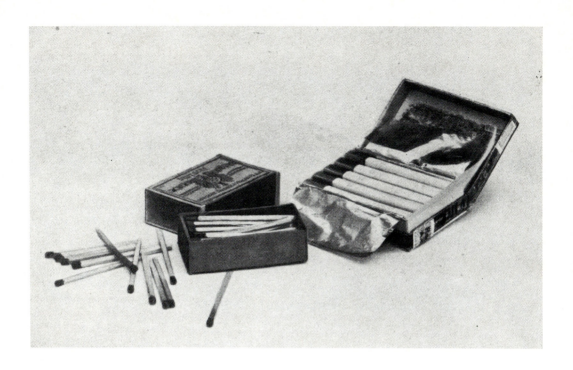

Und doch vermag es nicht

etwas Ähnliches zu schaffen, wie dieses kleine, exakt gearbeitete Schächtelchen mit Schublade und 50 Streichhölzern darin, das nur 3 Pfennig kostet, oder das üppige Kästchen mit 10 Zigaretten, sauber und fehlerlos in Silberpapier verpackt, das man für 50 Pfennig haben kann.

Das Handwerk ist hier bei der Grenze seiner Möglichkeiten angekommen.

Solche Dinge beschert einzig

die industrielle Produktion!

Die Mittel für industrielle Herstellung von Stühlen sind da:

Materialien und Werkzeuge.

Die Materialien sind:

Holz mit unverletzter Faser,
d. h. Holzteile, die geradlinig zugeschnitten sind oder gespalten, die keinerlei Ausschweifung besitzen, die ihrer Faserrichtung zuwiderläuft und daher besonders sorgfältige Bearbeitung bedarf.

Sperrholz:
Holzfourniere in verschiedener Faserrichtung aufeinandergeleimt, eine Art homogenisiertes Holz, bei dem die Zufälligkeiten des ungleichmäßigen Wachstums teilweise vermieden sind.

Pappe, Vulkanfiber als noch weitere Homogenisierungsformen des Holzes.

Schließlich

Metall:
Stahlrohr, Flacheisen, Aluminium. Ein wichtiges Bindeelement:

die Schraube.

Die wichtigsten Werkzeuge sind:

Kreissäge
Die Kreissäge liefert mit einer entsprechenden Zurichtung das Holz in geradliniger und gleichmäßiger Beschaffenheit.

Hobelmaschine
Die Hobelmaschine vermag bloß solches zu bearbeiten, gleichfalls die Schleifmaschine. Die Biegeform braucht gespaltenes Holz mit unverletzter Faser.

Fräse
Die Fräse liefert alle Formstücke nach Schablone.

Bohrmaschine
Die Bohrmaschine für die Dübellöcher (Verbundstellen)

Scheibenfriktionspresse

und Exzenterpresse (Stanze)

liefern das Metall gleichfalls in bestimmten Formen.

Mit diesen Materialien und Maschinen Stühle
zu machen ist die gestellte Aufgabe.

Zunächst kein Umsturz. Nicht etwas Neues um jeden Preis. Nur eine Untersuchung des handwerklichen Zargenstuhles, inwieweit er sich in die industrielle Produktion einfügen läßt.

Der empfindlichste Punkt des Zargenstuhls ist Lehne und Hinterbein, die aus einem ausgeschweiften Holz bestehen, und ihr Anschluß an die Sitzfläche. Die Rücklehne wird horizontal beansprucht, d. h. durch das Anlehnen drückt man sie nach hinten, das Hinterbein wird im wesentlichen vertikal beansprucht, es überträgt die Last auf den Erdboden. Dazu muß es mit möglichst breiter Fläche an den Sitz angeschlossen sein.

Trennung von Hinterbein und Rückenlehne

ergibt sich daher als erste Forderung.

Zargen-Stühle
der Firma
Haus u. Garten, Wien

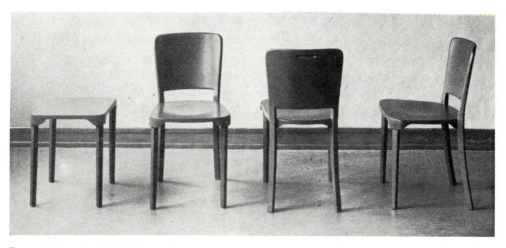

Zargen-Stühle von M. E. Haefeli, Zürich

Das
Hinterbein des Stuhles
ist die eigentliche Stütze. Wie der Sitzstock des Försters.

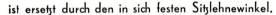

Im vorstehenden Modell ist es im Dreiecksverband an die Sitzfläche angeschlossen. Auf diese Weise wird eine komplizierte Verzapfung oder Verzinkung, die sonst die Festigkeit gewährleistet, überflüssig. Einfache Dübelung genügt (sogar zusammennageln oder -schrauben). Der Stuhl hat bei geringeren Mitteln eine wesentlich höhere Festigkeit. Die hintere Zarge des Stuhles

ist ersetzt durch den in sich festen Sitzlehnewinkel.

Bei der Ausführung mit Armlehnen verhält es sich genau so.

Wesentlich ist hierbei, daß **nur gerade Hölzer** (an Stelle der geschweiften) zur Verwendung kommen. Gerade Hölzer lassen sich auf der Kreissäge schneiden und mit der Hobelmaschine bearbeiten. Sie haben unverletzte Fasern und sind infolgedessen sehr fest.

Bei diesem Modell sind die Vorderbeine noch genau so ausgeführt, wie beim alten Zargenstuhl. Diese Zweiheit in der Konstruktion, einfache Verdübelung und handwerkliche Verzapfung, zu vermeiden, ist nächste Aufgabe.

Eine ältere Ausführung mit Brettern zeigt die gleichen Bestrebungen.

13

Die Vorderbeine werden mittels einer tiefliegenden Zarge angeschlossen.

Damit besitzt der Stuhl einheitliche Konstruktion und

lauter gleiche Holzstärken.

Die hier abgebildeten Modelle sind für Serienfabrikation bestimmt, die Seiten bestehen nur aus geraden Hölzern (2,5 × 2,2 Querschnitt). Einer dieser Rahmen wird über dem andern gearbeitet. (Vgl. Seite 55).

Die hinterher aufgeschraubten Sitzbrettchen haben alle

gleiche Länge und gleiche Breite.

Statt der Sitzbrettchen wurde auch dünnes 3 mm starkes Sperrholz verwendet, das in den Sitzlehnewinkel hineingebogen wurde.

Bei einer Ausführung mit Armlehnen

wird der Dreiecksverband über den Sitz hochgeführt. Oder: was bei der Konstruktion des lehnelosen Stuhls Sitzfläche war, ist hier Armlehne geworden. Die Sitzfläche ist sozusagen an diese angehängt.

Der Aufnahmeraum des süddeutschen Rundfunks

wurde 1924 mit 60 Stühlen dieser Konstruktion ausgestattet. Es ist ein Beweis für die Festigkeit, daß bis heute trotz täglicher starker Benutzung noch nicht ein einziger Stuhl wackelig wurde.

Die Loslösung des Sitzlehnewinkels von der eigentlichen Stützkonstruktion führte von selbst dazu, den **Sitzlehnewinkel beweglich** zu machen.

Die Stützkonstruktion ist ein fester Bock. Die Verlängerung der Rücklehne ist gelenkig angeschlossen. Der Sitz liegt lose auf. Für die Verstellung ist das **schräg gestellte** Vorderbein günstiger als das senkrechte. Auch gebogene vierkantige Buchenleisten wurden ausprobiert. Hier besteht der Querverband des Ständers aus einem der Biegung folgenden dünnen Sperrholz. Eine reine Dübelkonstruktion  mit vertikalem Querverband der ebenfalls aus Stäben besteht.

Bei Ausführung mit Armlehnen  ist wie schon früher gezeigt der Ständer bis unter die Armlehnen geführt. Die Feststellvorrichtung befindet sich innerhalb der Armlehne.

17

Dieses Modell wurde für die Fabrikation so bearbeitet, daß nur 3 Holzstärken zur Verwendung kommen.  Die Hölzer sind außerordentlich schwach, die Verstellbarkeit wird arretiert durch eine Verzahnung der Sitzzargen. Als wichtig hat sich herausgestellt eine **Kreuzlehne**, die dem Körper besonders in Arbeitshaltung eine Stütze

Verstellbarer Schreibtischstuhl in Ruhe und Arbeitslage

gibt. Bei der Verstellung des Stuhles nach hinten würde die Kreuzstütze stören. Sie legt sich daher so um, daß sie sich der Körperkurve von Sitz und Rücken anpaßt.

Ähnlich wie in dem Modell ohne Armlehnen wurde auch hier eine Ausführung mit gebogenen Latten versucht. Sitzlehne und Zugverband des Ständers sind vorn offene U-förmig gebogene Leisten; Kreuz- und Rückenlehne sind nach oben offene U-Bogen.

Auch hier ein Versuch, den Ständer ganz unabhängig fest zu machen durch einen **vertikal eingebauten Querverband**. An Verlängerungen dieses Querverbandes sitzt die Armlehne fest. Hier ist die Kreuzlehne das Hauptbewegungsglied. Die richtige Schräglage der Rückenlehne wird durch Führungsschlitze in den Armlehnen bewirkt.

Der abgebildete Stuhl besteht aus leichtem Metallrohr, die Quersteifigkeit ist erreicht durch die Biegungen und durch eingeschweißte, nach unten gebogene Metallbügel, die gleichzeitig die Verbindung zwischen Stützgestell und Sitzlehne-

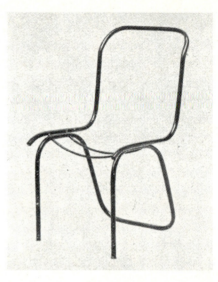

winkel herstellen. Als Sitzfläche ist für diesen Stuhl alles möglich, was es dafür gibt. Hier wurde wetterfestes Peddigrohr eingeflochten, damit der Stuhl auch im Freien benutzt werden kann.

Bei der Ausführung mit Armlehnen ist der

Ständer bis unter die Armlehnen geführt. Auf die Armlehnen sind Holzbrettchen aufgeschraubt.

Bei Ausführung in Metall lassen sich viele Verbundstellen ersparen. Stützen und Querverbund werden aus einem Rohr gebogen.

Dies kann man auch mit Bugholz machen. Bugholz verharrt in der Form, die man ihm gibt. Im Gegensatz zu den einfach gebogenen Leisten der früher beschriebenen Ausführungen, die wie Flitzbogen durch Zugverbindungen zusammengehalten werden.

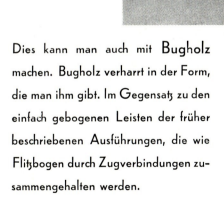

Der Querverband des Stuhles wurde bisher im hinteren Teil durch den Sitzlehnewinkel hergestellt und im vorderen Teil durch eine Brettzarge. Letztere ist ein notwendiges Übel. Von der Breite der Zarge und der Festigkeit, mit der sie an die Vorderbeine angeschraubt ist, hängt die seitliche Festigkeit des Stuhles ab.

Das Bestreben geht also dahin, die vordere Brettzarge zu ersetzen. Zu diesem Zweck wird die Querfestigkeit des Sitzlehnewinkels auf die Vorderbeine übertragen. Das geschieht vermittels der unteren Zugverbindung. Der Sitzlehnewinkel bildet mit der Hinterbeinstrebe zusammen ein festes Prisma. Die Zugverbindung, die bisher dieses Prisma in einem Punkte angriff

 ist jetzt an dieses

in zwei Punkten

angeschlossen und damit festgelegt.

So wird aus der Zugverbindung eine

Diagonalstrebe

die in den Raumverband der hinteren Konstruktion eingebunden ist und als **fester Kragarm** den zweiten Stützpunkt zur Befestigung des Vorderbeines abgibt.

Dieser Stuhl ist seit 1924 in Wirtschaften, Büros und den Kasernen der deutschen Reichswehr ausprobiert worden und ist bis heute unverändert fest.

Die Diagonalstreben gewinnen immer mehr an Bedeutung. Bei diesem Armlehnstuhl sind sie über den Sitzlehnewinkel hinweggeführt. Vorderbein, Diagonalstrebe und Armlehne bilden ein Dreieck, das mit seiner Fläche auf dem festen Sitzlehneverband liegt.

Damit ist es möglich, auf die Verlängerung der Rückenlehne zu verzichten.

Die Diagonalstrebe bezeichnen wir als **Vorderbeinstrebe.**

Besonders deutlich ist die Bedeutung der Vorderbeinstrebe bei diesem Modell.

Es leuchtet ein, daß bei einer so aufgelösten Konstruktion sich Kräfte konzentrieren, Glieder ersparen lassen.

Dies wird zunächst versucht mit den von Anfang an etwas problematischen Vorderbeinen. Man benutzt statt dessen einfach die Vorderbeinstrebe, die bis auf den Boden geführt wird. Die Kräfte werden dabei nach hinten konzentriert. Genau so verhält es sich bei der Ausführung der Armlehnen.

Es ist auch möglich, durch eine Bodenplatte den Querverband für die Vorderbeinstreben herzustellen.

Sie ist wichtig für eine Verstellbarkeit (s. S. 54).

A

Für die Fabrikation erhielt der Stuhl diese Form. Sitzlehne und Hinterbeinstrebe sind verdübelt (gleiche Holzstärken). Die durchlaufende Vorderbeinstrebe wird hinterher außen aufgeschraubt.

Auf Grund dieser Konstruktion kann man **Klappstühle** machen. Hier besteht der Sitzlehnewinkel aus **kammartig ineinandergreifenden Holzleisten**. Die Sitzlasten sind auf Vorder- und Hinterbeinstreben verteilt. Dieser Stuhl läßt sich für **alle gewünschten Sitzverhältnisse** ausführen und legt sich stets in **eine** Holzstärke zusammen.

An diesen Klappstuhl läßt sich eine Armlehne anfügen, die durch Einbindung in den Raumverband seitlich fest ist.

Diese Armlehne läßt sich auch dadurch gewinnen, daß die **Vorderbeinstrebe abgewinkelt** wird. Die Konstruktion dieses Stuhles erinnert an die Ausführungen auf Seite 17.

Hier ist ein Klappstuhl abgebildet, der in letzter Zeit viele Liebhaber gefunden hat. Das wichtigste Glied ist die durchgeführte Vorderbeinstrebe. Der Nachteil des Stuhles ist die Rückenlehne. Sie sitzt fest im oberen Ende des Vorderbeinstrebenpaares, ist ein Teil von diesem. Die Rückenlehne ist daher für normales Sitzen zu schräg, die untere Kante drückt. Außerdem ist sie zu kurz, sie stützt nur die Schulterblätter und die sitzen bei den Menschen nicht gleich hoch. Es wäre möglich, das Vorderbeinstrebenpaar in seinem oberen Ende abzuwinkeln, etwa durch Biegung des Holzes, so daß die Rücklehne ein günstiges Verhältnis bekommt. Das ginge jedoch auf Kosten des Raumes im zusammengeklappten Zustand. (Vergleiche den Eisenklappstuhl auf Seite 36.)

Um einen Klappstuhl in gleicher Weise bequem und stapelfähig zu machen, muß man den Sitzlehnewinkel von der Stützkonstruktion unabhängig machen.

also so:

Statt Holzstäben lassen sich auch andere Materialien verwenden. Unter diesen besonders **Sperrholz**.

Man weiß, daß ein Blatt Papier, wenn es **gebogen** ist, in der Richtung seiner Biegung eine außerordentliche Festig-

keit besitzt. Die Festigkeit der Wellpappe, die auf diesem Prinzip beruht, ist ja bekannt. So wurde bei dem vorstehenden Stuhl zur Druckübertragung gebogenes Sperrholz verwendet. Durch die Zurücklegung der Konstruktion ergibt sich ein Übergewicht nach vorne.

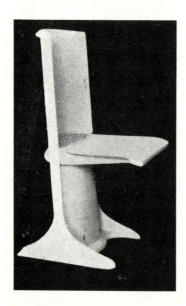

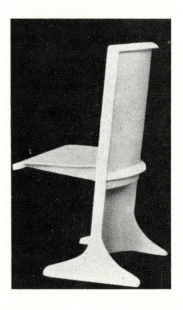

Die Biegung ist aus diesem Grunde hinten offen gelassen.

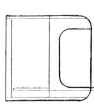

Hier sind auch die verbindenden Leisten fortgefallen. Der Sitzlehnewinkel besteht aus einem U-förmig gebogenen Sperrholzblatt, in das die Sitzfläche hineingeleimt ist. Die Stütztrommel besteht ebenfalls aus einem dünnen gebogenen Sperrholz, das

durch ein rund ausgeschnittenes Fußbrett und ein ebenso ausgeschnittenes Holz unter dem Sitz in seiner Biegung gehalten wird. Die Wölbungen nehmen den gesamten Druck auf und die seitlichen Flächen dienen als Zugfeder.

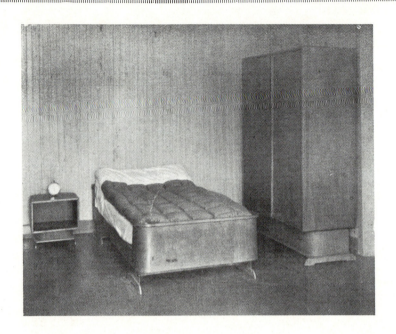

Auf der Werkbundausstellung Stuttgart 1927 wurde eine ganze Wohnungseinrichtung in gebogenem Sperrholz gezeigt. Bett, Schrank und Nachttisch besitzen Wandungen aus nur 3 mm starkem Sperrholz ohne weitere Versteifung. Der Stuhl wiegt nur 2 kg, der Schreibtisch mit allen Schubfächern 20 kg.

In diese Reihe gehören auch alle

Theaterklappsitze.

Für gewöhnlich werden sie in Holz ausgeführt (Sperrholz, Bugholz usw.)

Einfache Ausführung in Stäben

Theaterklappgestühl von Walter Hyan, Berlin

 Konstruktion wie auf Seite 17 und 18. Das Stützgestell ist jedoch nach hinten zusammengeschoben. Der Sitzlehnewinkel ist in Steil- und Schräglage verstellbar. Günstiger ist die Verstellung bei diesem Modell,

bei dem der Sitzlehnewinkel noch einmal besonders aufgehängt ist. Schrägstellen der Lehne geschieht hier durch Vorziehen des Sitzes.

Eine interessante Neuerung ist die Ausführung in gebogenem **Metallrohr** nach der Konstruktion von Marcell Breuer. Die Stühle sind mit Gurten und Stoff bespannt. Das Bild zeigt eine Bestuhlung des Vortragssaales im Bauhaus Dessau.

In weiterer Entwicklung der Stabkonstruktion wird man bestrebt sein, die Kräfte immer mehr zu konzentrieren, immer mehr Konstruktionsglieder zu ersparen, den Sitzlehnewinkel möglichst unabhängig von der Stützkonstruktion zu machen.

Zunächst eine starke Vereinfachungsform: ein **Sessel**.

Der Sitz ist mit der Hinterbeinstrebe in einem Stab zusammengefallen. Sie liegen zusammen wie Ober- und Unterschenkel des Mädchens, das so auf dem Boden sitzt:

Das Sesselgestell ist außerordentlich leicht, die Sitzpolster sind lose hineingelegt und deshalb beiderseitig zu benutzen.

Auf die Verlängerung der Rücklehne und die damit verbundene Kraftübertragung wird im weiteren verzichtet.

Der Stuhl ist in seinen hinteren Partien nunmehr **aufgehängt**. Die Hinterbeinstrebe erhält die Last auf dem Umwege über die Vorderbeinstrebe. Notwendig ist hierbei die Einführung einer Zugverbindung zwischen den beiden Streben. Sie kann als Bodenleiste ausgeführt werden, in die die Streben mittels Dübel hineingesteckt sind oder als Zange, wie in früheren Beispielen.

Deutlicher wird das, wenn die Hinterbeinstrebe tiefer ansetzt. Der Sitzlehnewinkel hängt frei an einem Stab, der Vorderbeinstrebe. Man kann diese Konstruktion vergleichen mit dem Exzentriker im Varieté, der auf seinen Händen spaziert, die Beine angezogen und über den Nacken gelegt hat, so daß es aussieht, als ob er keine hätte. Oder man denke auch an das Barrenturnen: der Körper hängt frei in den Achselgelenken; die einzigen Stützen sind die Arme, die „Vorderbeinstreben" des Menschen. — Führt man diesen Stuhl in Metallrohr aus, so kann die Hinterbeinstrebe erspart werden.

In den Rohrbügel ist ein Sattelsitz aus Sperrholz oder Fiber hineingehängt.

Die Stütze ist auf die ausbalancierte Mitte der Sitzlast gerückt, ähnlich dem Akrobaten, der sitzend auf einer Stange balanciert.

Je nach der Verschiebung des Körpergewichtes - Vorbeugen oder Zurücklehnen - erhält die Stütze Übergewicht nach vorn oder hinten. Auf dem abgebildeten Modell wird die Stütze durch eine Trommel aus 3 mm Sperrholz gebildet.

Die Balancekonstruktion gestattet, den Stuhl **drehbar** auszuführen.

Drehstühle mit Sattelsitz aus gebogenem Sperrholz.
Von Fa. Rockhausen & Söhne, Waldheim S.

Drehstuhl mit Wippenlehne der Fa. Hinzfabrik Berlin.

In Amerika ist man, was Komfort des Sitzens anbelangt, am weitesten voraus. — Der amerikanische Wippsessel ist ein Säulenstuhl mit einer eisernen Spindel, die verschiedene Sitzhöhe gestattet,

Amerikanischer Wippstuhl und Wippsessel.

Die Verbindung zwischen Sitzplatte und der eisernen Spindel wird durch ein Gelenk hergestellt, das durch Federn gehalten wird. Dieses

Gelenk ermöglicht ein Zurückwippen des Sitzes. Die Wippbewegung kommt einerseits dem Bewegungsbedürfnis des nervösen, den ganzen Tag auf den Stuhl gefesselten Menschen entgegen, andererseits ermöglicht sie eine Ruhelage zur Abwechslung von der Arbeitshaltung.

Es ist ein kleiner Schritt von hier zum **Klappstuhl.** Der Klappstuhl ist seit Alters her die einfachste Konstruktionsform eines Stuhls (Krippe, Sägebock). Die Grundlage für diesen Stuhl ist eine Konstruktion, im Gegensatz zum Zargenstuhl, dessen Grundlage ein Steinblock, eine Holzkiste ist.

Der alte Klappstuhl ist nur ein Schemel ohne Rücklehne. Die Hinterbeinstütze ist vorn an den Sitz angeschlossen wie der Unterschenkel des Menschen durch das Knie an die Sitzpartien.

Die Vorderbeinstrebe bewirkt die Versteifung und die Übertragung der Sitzlasten auf die Hinterbeinstütze.

Bei Zunahme einer Lehne ergibt sich die Notwendigkeit, wie bei den früheren Stabmodellen die Vorderbeinstrebe quer über den Sitzlehnewinkel zu führen.

Der Sitzlehnewinkel ist also an den Endpunkten der Vorder- und Hinterbeinstützen **frei aufgehängt.** Beim Invaliden stellen die Vorderbeinstützen die Krücken dar, beim Start des Läufers die Arme (die Vorderbeine).

Der Körper hängt in den Achseln und den Kniegelenken des Läufers.

Bei diesen Klappstühlen wurde durch Einführung von **Zwischengelenken** eine Elastifizierung erreicht. Die Zwischengelenke entsprechen den verbindenden Sehnen in den Gelenken des menschlichen oder tierischen Organismus.

Der Sitzlehnewinkel kann auch aus einem elastischen Material bestehen beispielsweise aus gebogenem dünnem Sperrholz oder Vulkanfiber,

wenn der Stuhl starr — aus einem Gewebe, wenn er zusammenklappbar ausgeführt wird.

Bei den handelsüblichen Klappstühlen ist das Vorderbeinstrebenpaar zur Rückenlehne verlängert. Das ist der gleiche Nachteil wie bei dem früher erwähnten Klappstuhl auf Seite 27. Auch hier die Abhängigkeit der Lehneneigung von der Stützkonstruktion und dadurch die unbequemen Sitz-Verhältnisse.

Der Armlehnenstuhl entstand dadurch, daß die Vorderbeinstrebe abgewinkelt wurde. Die Vorderbeinstrebe läßt in dieser Form etwa einen Vergleich zu mit dem Vorderbein eines Pferdes, die Knickstellung ist das Fußgelenk. Die Armlehnen sind also nicht mehr wie bisher üblich, ein Anhängsel, sondern sie stehen im unlöslichen organischen Zusammenhang mit der übrigen Konstruktion.

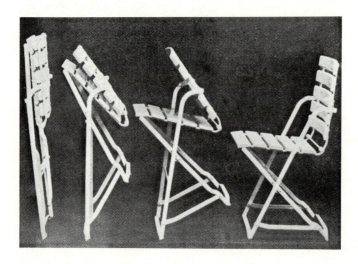

Ausführung in Flacheisen des gleichen Modells wie auf S. 36

Das Wesen des Klappstuhls ist die organische Beschaffenheit seiner Konstruktion. Ähnlich wie sich ein Mensch zusammenkauert,  läßt sich der Stuhl zusammenlegen. Ähnlich ist die Stellung der Mumien in den Hockergräbern vergangener Kulturen.

Der Körper des Menschen läßt sich verschieden zusammenlegen. Auf diese Weise  streckt sich hier der Sitzlehnewinkel und legt sich auf die Stützschere. (Auch der allgemein bekannte Strandstuhl legt sich so zusammen.)

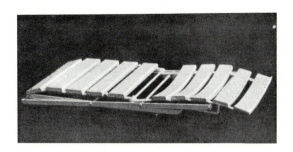

39

Und wie die Kauerstellungen des menschlichen Körpers (und auch des tierischen: die Katze die sich zusammenrollt, wenn sie schläft) verschieden sein können, so sind die Möglichkeiten auch des Zusammenklappens beim Stuhl

verschiedene.

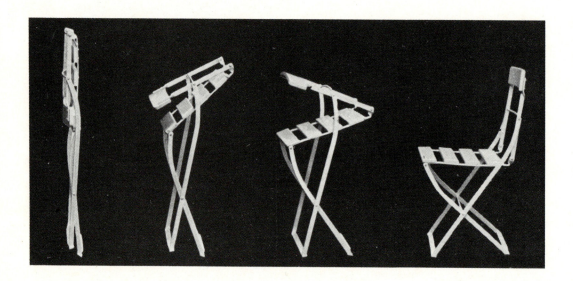

Diese Modelle sind in **Flacheisen** ausgeführt. Sie sind für die Benützung im Freien bestimmt. Die Flacheisen werden in kaltem Zustand gebogen, verkröpft oder aufgerollt. Der Querverband wird durch runde Eisenstäbe hergestellt, deren Köpfe vernietet werden. Die Verwendung von Flacheisen für Stühle geht in die Mitte des vorigen Jahrhunderts zurück und wurde zum ersten Mal in größerem Umfang von **Arnold**, dem Begründer der Weltfirma gleichen Namens, fabrikatorisch ausgewertet. Die eisernen Gartenstühle, die er damals ausführte, sind längst Allgemeinheit der Industrie geworden. Es ist ein Zeichen für die Güte ihrer Konstruktion, daß noch heute die alten Muster hergestellt und verkauft

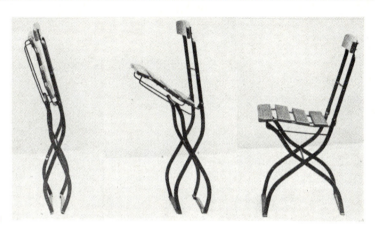

Eiserner Gartenstuhl,
übliches Markenprodukt

werden. Sie besitzen lediglich den Mangel der übrigen handelsüblichen Klappstühle, die in diesem Buch gezeigt sind (S. 37 und 31): **die Abhängigkeit der Lehne vom Vorderbeinstrebenpaar.** Durch Biegung des Flacheisens ist eine Verbesserung der Bequemlichkeit erzielt, zum Nachteil für die Stapelung. Der Stuhl läßt sich nicht flach zusammenlegen.

Erst die **organisch aufgebaute** Konstruktion bringt die Behebung dieses Mangels.

Bei Ausführung mit Armlehnen

wird ähnlich wie früher die Stützkonstruktion bis unter die Armlehnen geführt und der Sitz angehängt.

Eine Erstarrungsform dieses Systems ist eine Versteifung der Gelenke, ähnlich wie beim Turner, der in Kniebeuge verharrt.

Er verspürt dabei deutlich Starrwerden der Sehnen in den Kniekehlen und den ermüdenden Druck im Spann des Fußes.

Für die Ausführung dieses Stuhles wurde **Sperrholz** verwendet und zwar in diesem Fall auf Grund eines anderen Effektes als bei dem Sperrholz der früher gezeigten Modelle. Seit dem 18. Jahrhundert sind „Emy-Binder" bekannt für Hallen, bei denen verschiedene Lagen von **gebogenen Brettern** durch lange Bolzenschrauben zusammengehalten und dadurch **gespannt** sind.

Man kann sich das klar machen an einem Flitzbogen, bei dem man die Sehne an den Bogen angebunden hat.

Dieser gleiche Effekt wird erreicht dadurch,

daß verschiedene Lagen Holzfourniere gebogen und übereinandergeleimt werden. Es ergibt sich dabei eine überraschende Festigkeit. Der abgebildete Sperrholzstuhl hält selbst großen Belastungen stand und bietet dazu den Vorzug einer leichten **Elastizität**.

Diese Elastizitität macht den Stuhl besonders geeignet für das Verkehrsmittel (Eisenbahn, Straßenbahn, Omnibus, Flugzeug usw.).

Ursprünglich war die Vorderbeinstrebe beibehalten worden. Es stellte sich dann heraus, daß sie auf Grund der Sperrholzwirkung fortfallen kann.

Die Stütze wird dabei in der Weise beansprucht, daß in ihrer Mitte sich die Kräfte umkehren. In der oberen Hälfte sitzen die Zugspannungen auf der Unterseite, in der unteren Hälfte auf der Oberseite auf. Dadurch ergibt sich die Art der Biegung, die der Beanspruchung entgegenwirkt. Die Druckübertragung der Lasten geschieht am Lösungspunkt der Konstruktionselemente, die zusammengeführten Enden enthalten die Zugspannung. Dieser Wechsel von Druck und Zug ist durch entsprechende Profileisen in einer Biegung auszuführen. Bemerkenswert ist dabei der Kräftewechsel in der Hinterbeinstütze, der sich in der Umkehrung der Profile kennzeichnet.

Für den **Drehstuhl** ist dieses Prinzip in gleicher Weise möglich. Der Fuß bleibt hierbei unveränderlich. Durch eine Schraubspindel läßt sich der Stuhl in höhere Lagen verstellen.

Es beginnt nun eine zweite Entwicklungsreihe, die das Bestreben hat, die **Kräfte des Stuhles** statt nach hinten **nach vorne** zu konzentrieren. Das wichtige Glied zur Kraftübertragung sind die Vorderbeine. Wir gehen wieder aus von dem vollständig aufgelösten Fachwerkstuhl auf Seite 22. Die Verlängerung der Lehne, die das Gewicht des Sitzes auf die Hinterbeinstütze überträgt, ist fortgelassen: wie beim Faltstuhl ist der **Sitzlehnewinkel** an die Stützen frei angehängt. Lediglich die **Zugzange** wird ersetzt durch das Vorderbein.

Ausführung mit Armlehnen

vergleiche Seite 23.

Das Vorderbeinpaar übernimmt entscheidend die vordere Lastenhälfte des Stuhles. Die Hinterbeinstützen werden vom Sitz gänzlich losgelöst. Der Armlehnstuhl zeigt das gleiche Prinzip.

Die Übersetzung auf Metallrohr. Hier sind die Hinterbeinstützen aus Konstruktionsgründen mit dem Sitz verbunden. Aber die entscheidende Bedeutung der Vorderbeine ist ersichtlich.

Der Vergleich mit dem Bettler, der sich auf zwei Stöcke stützt, vermag das zu erklären.

So sinkt in weiterer Entwicklung die **Hinterbeinstütze bis zum Boden** herab. Die Vorderbeine rücken zurück, die Streben werden ersetzt durch Zugbänder, die vorn am Sitz angreifen. Für diese könnte man statt Holzleitern Gummi oder Spiralfedern wählen, durch die der Stuhl elastisch wird. Beim Armlehnstuhl greifen die Kräfte in den Armlehnen an.

 Dieser Stuhl wurde verstellbar ausgeführt. Die Arretierung geschieht durch Verzahnung unter dem Sitz. Das Stützgestell ist wie in früheren Fällen mit Bodenplatte (Verdübelung) ausgeführt, oder mit Zangen und besonderem Querverband.

In dem Armlehnstuhl des holländischen Architekten Mart Stam ist das gleiche in Metall versucht.

Der Stuhl ist angenehm elastisch.

Auf gleiche Weise, wie es früher geschehen ist, wurde versucht, auch für diese Kräftegruppierung **Sperrholz** zu verwenden.

Aus den früher beschriebenen Gründen erscheint die **Stütztrommel** hier umgekehrt. Druck erhalten die Biegungsstellen, Zug die an diese angeschlossenen Seitenflächen. Dieser Stuhl erweist sich günstig als fester Theatersessel. Man kann die Beine ruhig ausstrecken, ohne mit seinem Vordermann in Konflikt zu kommen. Der Stuhl ist leicht elastisch wie alle Krag-Konstruktionen.

Das gleiche Modell mit Armlehnen.

Der Architekt Mart Stam wurde angeregt durch den Autoklappsitz zu einer letzten Form des gekragten Sitzmöbels aus gebogenem Metallrohr.

Die schönsten Ausführungen entwarf auf diesem Prinzip der Architekt Mies van der Rohe.

Zusammenfassung — Aussichten

Dieses Buch ist ein Versuch, der Versuch einer Ableitung. Sie beginnt bei der konzentrierten Form des Zargenstuhls und kommt über eine Reihe von Auflösungen und Zusammenballungen wieder zu einer konzentrierten Form: dem Spantenstuhl von Stam oder Mies van der Rohe und den Sperrholzstühlen (auf S. 48). Die meisten der abgebildeten Modelle sind keineswegs ausführungsreif. Wie haben sie ausgesucht, um eine Entwicklung der möglichen Konstruktionsformen für den Stuhl aufzuzeigen.

Um das möglichst eindeutig zu tun, haben wir uns darauf beschränkt, die Ableitung an Hand von Stabmodellen durchzuführen und andere Ausführungsarten lediglich als Anhang beigegeben. Kurz zusammengefaßt ergibt sich folgendes: Der Stuhl besteht aus einem Sitzlehnewinkel und einem stützenden Gestell. Der alte handwerkliche Stuhl ist von Natur aus nur ein Stützgestell, das für die Sitzbenützung zurecht gemacht wird. Er ist damit ein Kompromiß zwischen den statischen Stützen und der Körperform des Sitzlehnewinkels. Zu diesem Zweck wird beim Zargenstuhl das zur Lehne verlängerte Hinterbeinpaar ausgeschweift in gleicher Weise beim Scherenstuhl die zur Rücklehne verlängerten Hinterbeinstreben. Es gibt entweder unbequeme Sitzverhältnisse, die durch die Konstruktion bedingt sind, oder mangelhafte Konstruktionen, die durch günstigere Sitzverhältnisse bedingt sind. Erst die **Trennung von Sitz- oder Ständerkonstruktion**

ermöglicht eine vollkommene Lösung. Der Ständer kann so fest gemacht werden wie möglich, ohne auf den Sitz Rücksicht zu nehmen. Der Sitzlehnewinkel kann in den bequemsten Ausmaßen gewählt werden, ohne daß der Ständer im mindesten davon berührt wird.

Der Ständer

Der handwerkliche Zargenstuhl

ist eigentlich ein allseitig geschlossener Kasten. Die Auflösung der

Flächen ergibt Rahmen und Diagonalverstrebung.

Die Diagonalverstrebung erübrigt sich, wenn die Ecken des Rahmens steif sind, z. B. bei abgewinkeltem Metallrohr.

Bei Belastung des Stuhles treten folgende Kräfte auf: Sitzfläche: Zug, Vorder- und Hinterbein: Druck, die Verbindung der beiden am Boden: Zug. Von den Diagonalstreben gehört die an den Sitz hinten angeschlossene zum Vorderbein, die vorne angeschlossene zum Hinterbein.

Metallrohrstuhl von Marcel Breuer, Dessau

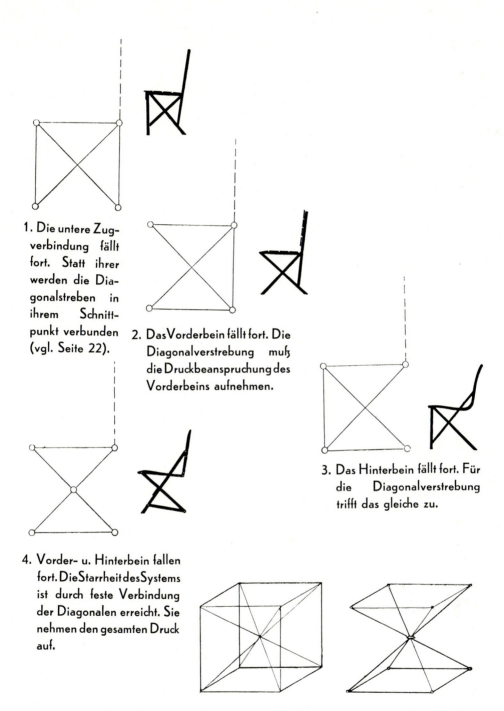

1. Die untere Zugverbindung fällt fort. Statt ihrer werden die Diagonalstreben in ihrem Schnittpunkt verbunden (vgl. Seite 22).

2. Das Vorderbein fällt fort. Die Diagonalverstrebung muß die Druckbeanspruchung des Vorderbeins aufnehmen.

3. Das Hinterbein fällt fort. Für die Diagonalverstrebung trifft das gleiche zu.

4. Vorder- u. Hinterbein fallen fort. Die Starrheit des Systems ist durch feste Verbindung der Diagonalen erreicht. Sie nehmen den gesamten Druck auf.

Zieht man die dritte Dimension hinzu, so ergibt sich in den Extremfällen der **Würfel** (Kastenstuhl) und der **Doppelkegel** (Scherenstuhl).

Der Körper des Menschen ist in seinen Stellungen veränderbar infolge seiner organischen Struktur. Ein Stütze ist an sich starr, unveränderbar. Sie kann verlängert werden durch Vermehrung ihres Volumens. (Kontobücher legt die Büroangestellte auf ihren Sitz, der ihr zu niedrig ist) aber es bleibt immer ein technischer Notbehelf.

Wir glauben aber, daß es bei der weiteren Entwicklung des Stuhles auf eine möglichst universelle Ausbildung seiner Benutzungsflächen ankommt. Es muß so für die Menschen passen, wie ein Gürtel oder ein Strumpfband, das man auf seine Körpermaße einstellen kann. Früher hatte man für 100 verschiedene Sitzbedürfnisse 100 verschiedene Sitzgelegenheiten: der Stuhl zum Ausruhen, zum Schreiben, zum Sitzen, zur Unterhaltung — und dazu eine Fülle verschiedenster Sitzhöhen (der Kontorstuhl, der Ammenstuhl usw.) Diese Mannigfaltigkeit spezieller Ausführungen ist das Kennzeichen des Handwerks, das auf Maßarbeit eingestellt ist. Mit den Forderungen der Rationalisierung und Typisierung setzen dann die Bestrebungen ein, statt vieler spezieller Formen eine Durchschnittstypenform zu finden, aber immer mehr stellt sich heraus, daß der Stuhl nur als eine Type zu gewissen Zwecken festgelegt werden kann, nämlich da, wo es sich um Benutzung von kurzer Dauer handelt (Verkehrsmittel, Theater usw.)

Um die Forderung: **einen Sitz für 100 Bedürfnisse** statt 100 Sitze für 100 Bedürfnisse — sicherlich Voraussetzung für restlose industrielle Produktion — zu erfüllen, müßte man einen Universalstuhl schaffen, der allen individuellen Bedürfnissen nachzugeben vermag. Und das wird leichter als jede mechanische Vorrichtung, eine Konstruktion möglich machen, wie sie der menschliche Organismus selbst darstellt. Denn der Mensch vermag sich in alle Lagen zu bücken, zu strecken, die auch für seine Mitmenschen passen.

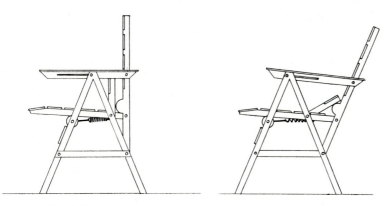

Schreibtisch-Stuhl (vgl. S. 18)
verstellbar in Arbeits- und Ruhelage. Die Verstellung erfolgt durch bloßes Zurücklehnen wie beim amerikanischen Wippsessel (S. 35). Die Spiralfeder zieht den Sitz wieder nach vorn.

Arbeitsstuhl (S. 24)
für verschiedene Höhen- und Schräglagen eingerichtet.

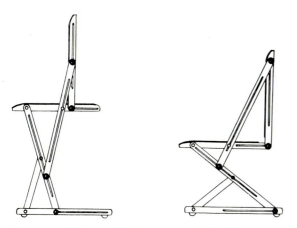

Universalstuhl, in alle Höhen- und Schräglagen einstellbar. Verstellbarkeit der Sitztiefe.

Über die Konstruktionen im einzelnen zu sprechen, würde an dieser Stelle zu weit führen.

Wer ein wenig Sportsmann ist, wird das wesentliche sofort begreifen. Die in diesem Buch gezeigte Entwicklung ist nicht zu Ende. Im Gegenteil, sie steht am Anfang. Tausend Möglichkeiten öffnen sich:

Mehr Festigkeit und mehr Leichtigkeit durch neue Materialien. Elastische Ausbildung der Sitzflächen (durch Kunstseide, Gummi u. a.). Einstellbarkeit auf die individuellen Körperverhältnisse. Verstellbarkeit in eine Fülle von gewünschten verschiedenen Lagen und Haltungen usw.

Wir stehen ganz am Anfang. Aber wenigstens am Anfang . . .

●

Ende des Jahres 1922 gründeten die Verfasser eine Werkstätte zur Herstellung von Einrichtungsgegenständen. Es gab leider nur Liebhaberaufträge: Einzelanfertigungen. Aber alle Dinge wurden so bearbeitet, als ob sie für Massenfabrikation bestimmt wären. An Stühlen entstanden von 1923 bis 1928 über 150 Modelle, von denen die charakteristischen sind, die in diesem Buch zusammengestellt sind. Die Konstruktionsprinzipien sind geschützt.

Es entstanden 1923 die Modelle auf Seite 12, 13

               1924 „ „ „ „ 14, 15, 16, 17, 18, 19 oben, 21, 22, 23 oben, 31

               1925 „ „ „ „ 24, 44, 45, 47 oben

               1926 „ „ „ „ 28, 30

               1927 „ „ „ „ 19 unten, 20, 23 unten, 25, 32, 33 oben, 36, 37 oben, 38 oben, 42, 43

               1928 „ „ „ „ 24, 26, 29, 33 unten, 34, 38 unten, 39, 40, 41, 46, 48, 49.

Die Stühle auf Seite 34 unten und 36 oben von Mart Stam und die Stühle auf Seite 36 unten von Mies van der Rohe entstanden zur Werkbundausstellung Stuttgart, 1927.

Fabrikation

Im Jahre 1924 waren die Verfasser mit dem Entwurf eines Stuhlautomaten beschäftigt. Das Modell, das zur Ausführung bestimmt war, besitzt nur übereinandergelegte Hölzer.

In endloser Folge schieben sich die Holzleisten übereinander. Wo sie sich überdecken,

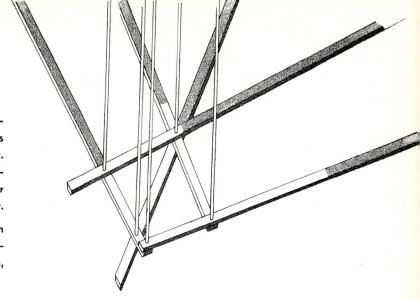

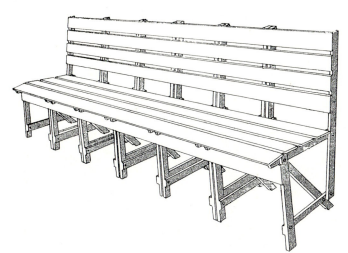

fließt schnell trocknender Leim dazwischen; sie werden sofort zusammengepreßt, von unten her durch kleine Kreissägen abgeschnitten und gleichzeitig an den Verbundstellen durchbohrt. Von oben schieben sich runde Holzstäbe an einer Leimvorrichtung vorbei in die Löcher (als Dübel) und werden horizontal abgeschnitten. Eine Stuhlseite ist fertig.

Sie wird automatisch herausgeschoben in die Montage.

Diese geht in ähnlicher Weise automatisch vonstatten: durchlaufende Bretter legen sich auf die Stuhlseiten als endlose Bank. Von dieser wird nach Erhärtung des Leimes ein Stuhl nach dem andern abgeschnitten.

Inhalt

Die Entwicklungsreihe wurde an Hand von Stabkonstruktionen durchgeführt. Die prinzipiellen Modelle stehen in einem laufenden Band, das über den Kopf der Seite hinweg läuft.

	Seite
Einleitung	3—9
Zargenstuhl - Stühle von Haus und Garten, Wien, und von Haefeli, Zürich	10—11
Förster auf Sitzstock — Armlehnstuhl und Sessel	12—13
Stuhl mit Sitzbrettchen — Stuhl mit Sperrholzsitz — Armlehnstuhl — Senderaum des Südfunk — verstellbare Stühle — verstellbare Armlehnstühle — Stühle aus Metallrohr	14—21
Stuhl mit Sitzbrettchen — Stuhl mit Sperrholzsitz — Armlehnstuhl	22—23
Verschiedene Stühle mit Brettchen	24
Brettchen-Stuhl — Klappstühle mit und ohne Armlehnen — Klappstuhl veralteter Konstruktion — Sperrholzstühle — Sperrholzmöbel — Theaterklappgestühle	25—31

	Seite
Sesselgestell — sitzendes Mädchen	32
Stühle mit aufgehängten Sitzlehnewinkeln — Armlehnstühle — Säulenstühle — Turner in Balancehaltung — Säulenstühle von Rockhausen und Hinzfabrik — Amerikanischer Wippsessel	33—35
Klappstuhl — Läufer beim Start — Invalide mit Krücke — Klappstuhl veralteter Konstruktion — Armlehnklappstuhl — Eisenklappstühle verschiedener Ausführung mit Beispielen — Neger in Kauerstellung — Turnerin in Rückwärtsbeuge — Turner in Rumpfbeuge — Sperrholzstühle — Turner in Rückenbeuge — Sperrholzstühle für Verkehrsmittel . . .	36—43
Stuhl und Armlehnstuhl mit Sperrholzsitz	44
Stuhl und Armlehnstuhl mit Brettchen	45
Verstellbarer Armlehnstuhl, Armlehnstuhl aus Metallrohr von Stam — Sperrholzstuhl — Armlehnstuhl — Metallstühle von Stam und Mies van der Rohe — Autoklappsitz	46—50
Zusammenfassung — Aussichten	51—57

L. SCHULER A.-G.
GÖPPINGEN
(Württemberg)

Blechbearbeitungsmaschinen aller Art

Exzenter-Presse
für schwerste Loch-, Schnitt-, Stanz- und Preßarbeiten

Alleinvertretung für Württemberg und Mittelbaden:
JUL. LENTZ, INGENIEUR, **STUTTGART**
Königstraße 1 - Telefon 269 60

Dr. Kurt Herberts & Co. Lackfabrik, Barmen-U.
vorm. OTTO LOUIS HERBERTS, gegr. 1866

Nitropon-Polituren

sind unerreicht

in Transparenz und Leuchtkraft

kein Ölausschlag, kein Grauwerden der Poren,
kein Verschleiern der Flächen, kein Abstehen

Polituren in **kürzester Zeit**
durch das
Nitropon-Handpolierverfahren und Nitropon-Spritzpolierverfahren

Nitropon-Grund- u. Nitropon-Deckpolitur zeichnen sich aus
durch große Geschmeidigkeit u. verblüffend rasches Absetzen

Stuhlflechtrohr
fertiges Stuhlgeflecht offen und geschlossen
Wickelrohr
Peddig und Peddigschienen
Korbrohr jeder Art
Peitschenrohr, Rohrbast
Rohrabfall

HAMBURG-BERGEDORFER STUHLROHRFABRIK
von Rud. Sieverts
BERGEDORF, BEZ. HAMBURG

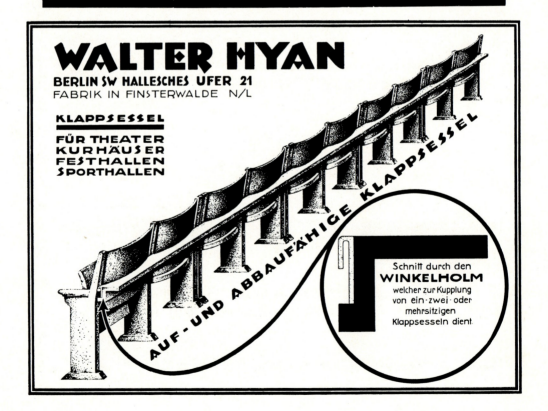

Adolf Aldinger
Maschinenfabrik
Stuttgart-Obertürkheim

baut
↓

Holzbearbeitungs - Maschinen
in hochwertiger Ausführung

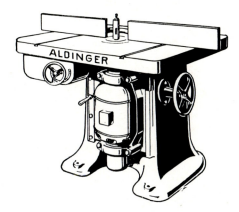

Riemenlose Elektro - Maschinen

Verkaufsstelle Stuttgart:
Königstraße 1, beim Hauptbahnhof
Fernruf 27205

Eisenmöbelfabrik L. & C. ARNOLD G.m.b.H.
in **Schorndorf** (Wttbg.), Stendal und Kempen-Rhein

Eiserne Sitz- und Vorplatz-Möbel
sowie Metallbettstellen aller Art

F. WINKLER & SOHN NACHF.
GEGR. 1836
MITTWEIDA i. SA.

liefern seit 90 jährigem Bestehen
alle Arten

SITZMÖBEL

in bekannter
erstklassiger Ausführung

Fernsprecher:
Mittweida i. Sa. Nr. 28

Telegramm-Adresse:
Winklerfranz, Mittweida

WA-MÖBEL

Die echten WA-Möbel sind durch dieses Zeichen kenntlich

Deutsche WA-Möbel-Gesellschaft
Zentrale: Stuttgart, Paulinenstr. 3
Tel. 72843 / Bank: Diskontogesellschaft

liefert u. a. Modelle der Brüder Rasch

STAHL-ROHR-MÖBEL
SYSTEM BREUER

VERLANGEN SIE KATALOG VON
STANDARD-MÖBEL
G.M.B.H.

BERLIN SW 61
TELTOWER STRASSE 47-48

Akademischer Verlag Dr. Fritz Wedekind & Co., Stuttgart

Im Laufe dieses Jahres sind erschienen:

Werner Gräff: **Eine Stunde Auto.** Preis 1.20 RM.

Keine endlosen Ausführungen über veraltete Konstruktionen und Konstruktionsabweichungen, die den Anfänger verwirren und lähmen, so daß er das Buch nach den ersten zwei oder drei Seiten in die Ecke wirft. Auf wenigen Seiten wird die Kenntnis der Grundlagen des m o d e r n e n Kraftwagens vermittelt. Die zahlreichen Abbildungen sind so radikal mit dem Buchtext verwoben, daß dem Leser der Stoff automatisch einverleibt wird.

Das Buch für den Autointeressenten — und wer ist das heute nicht — sowohl, als auch namentlich für die reifere Schuljugend.

Dr. Erna Meyer: **Gedächtnishilfe der Hausfrau.** Preis 5.— RM.

Jede, aber auch jede Hausfrau besitzt ein Kochbuch. In diesem Kochbuch oder sonstwo liegen eine Unzahl Zettel, Zeitungsausschnitte und dergleichen mit Rezepten, praktischen Winken usw., welche die Frau aufhebt, um sie im gegebenen Augenblick zu benutzen — wenn der betreffende Zettel unter dem Wust von Material gerade zu finden ist. Das ist aber leider selten der Fall, und verärgert fliegt das Kochbuch mit samt seinem Sammelsurium von Notizen zur Seite.

Hier hilft die „Gedächtnishilfe der Hausfrau" radikal Ordnung schaffen. Die Gedächtnishilfe besteht aus einer Kartei in elegantem Kasten, welche in zwei Abteilungen eine Hauskartei — zur Aufbewahrung von Notizen über praktische Winke aller Art — und eine Kochkartei — zur Aufbewahrung von Kochrezepten — zerfällt. Ferner ist der Kartei ein Hauswirtschaftsbuch beigefügt, das auf 96 Seiten genaue Anleitung für eine besonders einfache und gutbewährte hauswirtschaftliche Buchführung enthält. So bietet die „Gedächtnishilfe" auf geringstem Raum, aber in vorzüglicher Ausstattung in handlicher Form alles, was die bekannte Herausgeberin in ihrem beliebten Buche „Der neue Haushalt" als häusliches Büro jeder Hausfrau zur geistigen Entlastung so angelegentlich empfohlen hat.

Die „Gedächtnishilfe" ist in hervorragendem Maße zu Geschenkzwecken (Hochzeits-, Geburtstagsgeschenk) für junge Frauen geeignet.

Bruno von Sanden: **Tiere, 40 Zeichnungen in Mappe.** Preis 10.— RM.

Der moderne, empfindsame Mensch ist ein aufmerksamer Beobachter der Tierwelt. Er interessiert sich auch für ihre künstlerische Darstellung. In vorliegender Mappe sind eine Reihe von Tieren in wahrhaft naturgetreuer Darstellung des Künstlers festgehalten. Ein Werk, das sich vorzüglich als Geschenkwerk eignet und als solches überall hochgeschätzt wird.

Akademischer Verlag Dr. Fritz Wedekind & Co., Stuttgart

Demnächst erscheinen in unserem Verlag:

Dr. Adolf Behne: Eine Stunde Architektur.

Das Buch enthält bei intensivster Darstellung eine reichste Fülle von Anregungen; es steht im Dienste des Zentralgedankens: B a u e n. Ein Buch für Bau r e z e p t e ist es nicht, aber es klärt ohne alle trockene Dogmatik und Theoretisiererei den Begriff des Bauens, immer anschaulich und frisch bleibend, in lebendigster Beziehung zu einer überraschenden und teilweise recht amüsanten Bilderwahl.

Das Buch wird sensationell wirken in jeder Beziehung.

Felix Durach: Ehmann Fresken.   Preis 10.— RM.

In über fünfzig großenteils ganzseitigen Abbildungen entrollt sich ein anschauliches Bild einer Reihe monumentaler Wandgemälde mit vielfigurigen Kompositionen des Stuttgarter Malers Ehmann, dessen Schaffen auf dem Gebiete der Freskomalerei bahnbrechend ist. Innig und kraftvoll zugleich verleihen die Schöpfungen Ehmanns den Räumen Schönheit und Weihe, weil sie aus dem inneren Erleben eines Künstlers, der mit ganzer Leidenschaft sich hingibt, geschaffen wurden. Besonders für die künstlerische Jugend ist hier ein ideales Ziel als reales Kunstwerk hingestellt.

Dr. R. Schmidt: Landhaus und Landgut. (Architektur der Gegenwart, Band II).

Sind es vornehmlich Kirchenbauten, die in Band I der Reihe „Architektur der Gegenwart" behandelt werden, so befaßt sich Band II in der Hauptsache mit Bauten, die außerhalb des Weichbildes der Großstädte erstanden. Mehrere hundert Abbildungen führen uns Musterbauten — meist Einzelhäuser — vor Augen, die eine vorbildliche Lösung der Wohnfrage bringen. Das Buch bringt Laien und Fachleuten viele wertvolle Anregungen.

Heinz und Bodo Rasch: Wie Bauen? II. vollständig umgearbeitete Auflage des Konstruktionsbuches Wie Bauen? Preis 7.20 RM.

Die erste Auflage dieses Jahrbuches war in kaum drei Monaten vergriffen. Die zweite Auflage erscheint voraussichtlich Ende September. Die lebendige Schilderung des trockenen Stoffes macht das Werk außerordentlich wertvoll und die zahllosen Abbildungen in Verbindung mit dem reichhaltigen statistischen Material stempeln es zu einem richtigen Handbuch des Architekten, aber auch zu einem guten Informationsmittel für den Laien und Baulustigen.

Akademischer Verlag Dr. Fritz Wedekind & Co., Stuttgart

Früher sind erschienen:

Im Auftrag des Deutschen Werkbunds bearbeitet von

Werner Gräff: **Bau und Wohnung.**   Preis geb. 8,50 RM., kart. 4,80 RM.
152 Seiten, 221 Abbildungen, mattweißes Kunstdruckpapier.

Werner Gräff: **Innenräume.**   Preis geb. 8,50 RM.
164 Seiten, 185 Abbildungen.

Ferner:

Le Corbusier und Jeanneret durch Alfred Roth: **Zwei Wohnhäuser.**
Preis kart. 2,80 RM.
70 Photos und Skizzen mit vierfach ausklappbaren Plan- und Grundrißtafeln seiner Häuser in Stuttgart.

Ministerialrat Dr. W. C. Behrendt: **Der Sieg des neuen Baustils.**
Preis kart. 2,80 RM.
Eine knappe, aufklärende Einführung in alle Probleme, die aus der heutigen Bautechnik und Bauwirtschaft heraus zu einem neuen Bauen führen. 74 Abbildungen.

Werner Gräff: **Willi Baumeister.**   Preis geb. 7,20 RM.
60 Bild- und 1 Farbtafel auf bestem Kunstdruckpapier.

E. Farkas: **Architektur, Innenräume, Film.**   Preis kart. 4,80 RM.
40 Entwürfe des Künstlers auf mattweißem Kunstdruckpapier.

Dr. Ehmann: **Kirchenbauten** (Architektur der Gegenwart, Band I).
Preis geb. 6.— RM.
80 Abbildungen, Format 223×30 cm. Kunstdruck.

K. Werner-Schulze: **Der Ziegelbau** (Architektur der Gegenwart, Band IV).
Preis geb. 7,50 RM.
202 Seiten mit 133 Abbildungen, Format 223×30 cm.

Albert Feifel: **Marksteine für technisches Bauen.**
Preis geb. 12,75 RM.
196 Seiten, 200 Abbildungen, Zeichnungen, Pläne usw. Ein Beitrag aus der Praxis für die Praxis zur Untersuchung von neuen Bauelementen.

Dr. A. Marquard: **Das Hohe Lied vom Holz.**   Preis geb. 10.— RM.
200 Seiten, 51 Abbildungen, Doppeltondruck, mattweißes Kunstdruckpapier.

Max Hohnerlein: **Fremdwörterbuch.**   Preis geb. 3.— RM.
Ein Buch, das namentlich in der deutschen Lehrer- und Schülerwelt freudige Aufnahme findet.

Max Hohnerlein: **Namenbüchlein.**   Preis geb. 2.— RM.
Nicht nur ein Nachschlage-, sondern auch ein Bildungsbuch, da es nicht nur Bedeutung, sondern die Abstammung der Namen angibt. Ein ehrendes Zeugnis deutschen Fleißes und deutschen Forschergeistes, begrüßen es besonders die zahlreichen Freunde der Familienforschung.

20036 Meda/Italia

Schreibtisch Johnson Wax*, 1 und Stuhl Johnson Wax*, 2 entworfen von Frank Lloyd Wright — Kollektion Cassina »I Maestri«

Das Original.

Der Wassily Chair von Marcel Breuer.
Entworfen im Jahr 1925.

Knoll International
Deutschland GmbH
The Knoll Group
Gottlieb-Daimler-Straße 35
D-7141 Murr/Murr
Telefon: 07144/2010
Telefax: 07144/201211

Knoll

ZEITLOS

Design von dauerhafter Gültigkeit

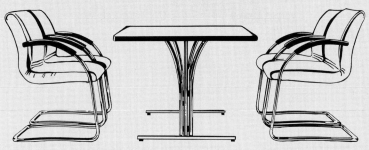

Stahlrohr in seiner schönsten Form. Konferenzmöbel Balaton - Klassiker der Moderne. Design: Stefan Lengyel

Postmoderne SitzArt für das individuelle Ambiente. MAUSER BISTRO. Design: Gottfried Böhm

Ein Klassiker kommt zurück. Der "kubisch ausgestaltete hinterbeinlose Stahlrohrstuhl", die Grundform des Freischwingers, ist 60 Jahre nach seiner Schöpfung hochaktuell.

MAUSER MEMORY

MAUSER EINRICHTUNGEN

Mauser Waldeck AG · D-3544 Waldeck 2 · Telefon (05623) 5811 Telefax (05623) 581208

Gemeinsame Projekte:

1922	Gründung einer „Werkstätte zur Herstellung von Einrichtungsgegenständen"
1926	Gründung eines gemeinschaftlichen Architekturbüros
1927	Teilnahme an der Werkbund-Ausstellung „Die Wohnung" in Stuttgart (Weißenhofsiedlung): Innenausstattung von Wohnräumen im Haus von Mies van der Rohe und im Haus von Peter Behrens
	Herausgabe der Werkbund-Publikation „Wie Bauen?"
	Entwurf von Hängehäusern
1928	Teilnahme an der Ausstellung „Der Stuhl" in Stuttgart
	Zweite Auflage von „Wie Bauen?"
	Herausgabe der Publikation „Der Stuhl"
1929	Herausgabe der Publikation „Zu – Offen" über Türen und Fenster
1930	Herausgabe der Publikation „Gefesselter Blick" über Gebrauchsgraphik
	Auflösung des gemeinschaftlichen Architekturbüros

Heinz Rasch (*1902)

1916	Besuch der Kunstgewerbeschule in Bromberg
1920–1923	Architekturstudium in Hannover und Stuttgart
1924	Pressesprecher der „Bauausstellung" in Stuttgart
1925	Schriftleiter der Zeitschrift „Die Baugilde"
1926–1930	Arbeit als freier Architekt in Stuttgart
1930	Übersiedlung nach Berlin
1933	Übersiedlung nach Wuppertal
1935–1945	Werbeleiter der Lackfabrik Kurt Herberts & Co in Wuppertal; Zusammenarbeit mit Willi Baumeister, Oskar Schlemmer und Franz Krause
1956	Anregung, die Weißenhofsiedlung unter Denkmalschutz zu stellen

Heinz Rasch lebt heute in Wuppertal

Bodo Rasch (*1903)

1922–1926	Studium der Landwirtschaft in Stuttgart-Hohenheim
1923–1926	Lehre und Arbeit als Schreiner während des Studiums
1930	freier Architekt in Stuttgart
1931	Mitgliedschaft im CIAM
1932–1933	Herausgabe des „Stuttgarter Wochenspiegels" mit eigenen Beiträgen zur Architektur
1933–1934	Herausgabe des Kulturmagazins „Zirkel"
1977	Initiator und Gründungsmitglied des Vereins der Freunde der Weißenhofsiedlung

Bodo Rasch lebt heute in Leinfelden-Echterdingen

Anläßlich der Weißenhofsiedlung stellten die Brüder Rasch ihren „Sitzgeiststuhl" vor. Trotz seines programmatischen Titels ist dieser Entwurf weniger das ästhetische Manifest eines radikalen Umsturzes als vielmehr der Ausdruck eines evolutionären Fortschritts. Formal gesehen greift er ein neues, aus der Architektur abgeleitetes Konstruktionsprinzip auf, das Krag-Prinzip. Doch seine ergonomisch korrekte Form ist das Ergebnis einer intensiven Auseinandersetzung mit dem „ewigen" Problem des Sitzens. Obwohl der „Sitzgeiststuhl" nie in Produktion ging, besitzt er dennoch einen festen Platz in der Designgeschichte. 1932 inspirierte er Gerrit T. Rietveld zu seinem berühmten „zig-zag-stoel".

Die Aktualität der Brüder Rasch liegt in der konsequenten Entwicklung neuer konstruktiver Grundlagen für ein funktionales und ergonomisches Stuhldesign. Die Prinzipien, die sie in ihrem Buch „Der Stuhl" darlegten, besitzen – vor allem im Bereich des Arbeits- und Bürostuhls – noch heute ihre Gültigkeit. Stets stand der Mensch und nicht die Ästhetik im Mittelpunkt ihrer Entwurfsarbeit.

Gebrüder Heinz und Bodo Rasch 1922–1930

„Warum vier Beine nehmen, wenn 2 ausreichen?" Kurt Schwitters Kommentar zum ersten hinterbeinlosen Stahlrohrstuhl der Designgeschichte brachte die Bestrebungen der Vertreter des „Neuen Bauens" auf den Punkt. In Architektur und Design bemühten sie sich um eine sachlich-rationale Formgebung, deren puristische Ästhetik allein der Funktion und der konstruktiven Notwendigkeit gehorchen sollte. Auch die Stuttgarter Brüder Heinz und Bodo Rasch waren der „Neuen Sachlichkeit" verpflichtet. In ihren Entwürfen bemühten sie sich jedoch nicht nur um eine neue Ästhetik, sondern konzentrierten sich auf die Lösung praktischer Probleme wie Ergonomie und Funktionalität. Ihre Designtätigkeit steht in engem Zusammenhang mit den Werkbund-Ausstellungen, die zwischen 1924 und 1928 in Stuttgart stattfanden.

    Heinz und Bodo Rasch gehörten neben Oskar Schlemmer und Willi Baumeister zu dem Kreis junger Stuttgarter Künstler und Architekten, die an den Vorbereitungen für die Ausstellung „Die Form" und die „Bauausstellung" 1924 beteiligt waren. Auch an den ein Jahr später beginnenden Vorbereitungen für die Ausstellung „Die Wohnung", bekannt als Weißenhofsiedlung, nahmen die Brüder Rasch teil und richteten eine „Wohnung für einen Junggesellen" im Haus von Mies van der Rohe und eine Dreizimmerwohnung im Haus von Peter Behrens ein. Gleichzeitig waren sie mit der Herausgabe der ausstellungsbegleitenden Publikation „Wie Bauen?" beauftragt. In dieser Zeit lernten sie Mies van der Rohe, der die künstlerische Leitung der Weißenhofsiedlung übernahm, sowie Mart Stam und Le Corbusier kennen. Auch auf der Ausstellung „Der Stuhl" 1928, unter der Leitung von Adolf G. Schneck, waren die Brüder Rasch mit ihren Möbelentwürfen vertreten. 1930 lösten sie ihr gemeinsames Architekturbüro auf.

    Wie viele Architekten waren auch die Brüder Rasch als Möbeldesigner tätig. In ihrer 1922 gegründeten „Werkstätte zur Herstellung von Einrichtungsgegenständen" entstanden nach eigenen Angaben bis 1928 mehr als 150 Stuhlentwürfe. Die ergonomischen und konstruktiven Grundlagen ihres Designs legten sie 1928 in ihrem Buch „Der Stuhl" dar. Es ist ein einzigartiges Dokument einer sachlich-rationalen Formgebung, die allein den Menschen und seine körperlichen Bedürfnisse als Maßstab des Möbelbaus akzeptiert.

    Ausgehend von der Tatsache, daß der Stuhl den Körper entlastet, entwickelten sie neue Konstruktionsmöglichkeiten für einen Stuhl, der ergonomisch und in seinen Funktionen diesem Anspruch gerecht wird. Da der Mensch die unterschiedlichsten Arbeiten im Sitzen verrichtet, muß sich die Unterstützung, die der Körper durch den Stuhl erfährt, nach der Art der Tätigkeit richten. „Sie (die Unterstützung) soll möglichst hundertprozentig sein, aber auch den Bewegungsbereich nicht hemmen. Das Ideal: sie müßte den Bewegungen folgen, den Änderungen der Haltung nachgeben." Der ideale Stuhl ist ähnlich flexibel wie der menschliche Körper, und statt „100 Sitze für 100 Bedürfnisse" soll es nur noch „einen Stuhl für 100 Bedürfnisse" geben – einen Stuhl, der sich in seiner funktionalen Flexibilität dem menschlichen Körper und seinem Bewegungsbedürfnis völlig anzupassen vermag.

Praktiker der Avantgarde. Vom Experiment zum Klassiker

Im Mittelpunkt der Ausstellung „Praktiker der Avantgarde. Vom Experiment zum Klassiker", die vom 27. November 1992 bis 28. März 1993 im Vitra Design Museum gezeigt wird, stehen die Stahlrohrentwürfe der zwanziger Jahre und ihre Entwicklung vom Experiment der Avantgarde zum späteren Möbelklassiker.

Es war keineswegs zufällig, daß die ersten Stahlrohrstühle 1927 anläßlich der Stuttgarter „Weißenhofsiedlung" der Öffentlichkeit vorgestellt wurden. Ihre Entstehung war mit dem Aufkommen eines „Neuen Bauens" verbunden, dessen ganzheitliches Konzept von Anfang an die Wohnkultur in ihr Experiment einbezog. Die Weißenhofsiedlung markiert den Höhepunkt einer Entwicklung, in deren Verlauf eine puristisch-funktionalistische Ästhetik in Architektur und Design eingeführt wurde, die sich konsequent an den Erfordernissen der industriellen Produktion und des sozialen Wohnungsbaus orientierte.

Die Entwicklung des modernen Stahlrohrdesigns vollzog sich innerhalb weniger Jahre. Im Umfeld des von Walter Gropius gegründeten Bauhauses entwarf Marcel Breuer 1925 den ersten Stuhl aus gebogenem Stahlrohr, dessen räumliche Transparenz und offengelegte Konstruktion auf ideale Weise jenes asketische Ideal der frühen Moderne verkörpert. Ein Jahr später entwickelte Mart Stam einen neuen Stuhltypus, den hinterbeinlosen Stahlrohrstuhl, dessen starre Konstruktion jedoch die natürliche Elastizität des Materials nicht nutzte. Erst Mies van der Rohe entdeckte diese Qualität als konstruktives Prinzip und schuf 1927 den ersten Freischwinger der Designgeschichte. In den folgenden Jahren avancierte das Stahlrohr zum beliebtesten Ausdrucksmittel der Avantgarde.

Obwohl die Stahlrohrentwürfe auf den programmatischen Architekturausstellungen der Avantgarde – wie zum Beispiel der Weißenhofsiedlung – als das „Massenmöbel der Zukunft" gepriesen wurden, hielten sie nur theoretisch Einzug in den Wohnbereich. Erst Mitte der sechziger Jahre konnten sie die breite Akzeptanz einer design-bewußten Elite erlangen. Heute gelten die Stahlrohrentwürfe von Breuer, Mies van der Rohe, Le Corbusier und anderen als Klassiker des modernen Möbeldesigns, die in Reeditionen immer wieder neu aufgelegt werden.

Die Ausstellung des Vitra Design Museums, die in Kooperation mit der Architektur-Galerie am Weißenhof, Stuttgart, und dem Bauhaus Dessau entstand und dort unter dem Titel „Ein Stuhl macht Geschichte" gezeigt wurde, thematisiert einerseits die Entwicklungsphasen des Stahlrohrdesigns – von Gerrit T. Rietveld und Marcel Breuer über Mart Stam und Mies van der Rohe bis zu den Gebrüdern Rasch. Zum anderen zeigt sie am Beispiel der Weißenhofsiedlung die ursächliche Verbindung mit dem Aufkommen einer neuen Architektur auf. Den Originalen sind Reeditionen gegenübergestellt, um die Veränderungen transparent zu machen, die ein Möbel im Laufe der Jahre erfährt, wenn es sich vom Experiment zum Möbelklassiker entwickelt.

**Praktiker der Avantgarde
Vom Experiment zum Klassiker**
27. November 1992 – 28. März 1993

Eine Ausstellung des Vitra Design Museums, Weil am Rhein, in Kooperation mit dem Bauhaus Dessau und der Architektur-Galerie am Weißenhof, Stuttgart

Ohne die Unterstützung der nachstehenden Personen wären weder die Ausstellung noch dieser Reprint möglich gewesen:
Albert Ackermann, Stadtplanungsamt, Stuttgart
Wilfried Beck-Erlang, Architektur-Galerie am Weißenhof, Stuttgart
Dr. Andreas Bossmann, Bauhaus, Dessau
Axel Bruchhäuser, Tecta, Lauenförde
Franco Cassina, Cassina S.p.A., Meda/Mailand
Hartmut Dörrie, Knoll International, Murr
Karl Heinz Faßbender, Dako, Remscheid
Prof. Dr. Rolf Kuhn, Bauhaus, Dessau
Gerhard Michaeli, Mauser Waldeck, Waldeck
Heinz Rasch, Wuppertal
Bodo Rasch, Leinfelden-Echterdingen
Dipl. Ing. Georg Thonet, Gebrüder Thonet, Frankenberg

Ausstellung
Konzeption:
Alexander von Vegesack
Alexander Kuckuk
Serge Mauduit
Werner Möller
Ausstellungsgestaltung:
Dieter Thiel, Basel
Öffentlichkeitsarbeit:
Elke Vosteen

Reprint und Supplement
Herausgeber:
Alexander von Vegesack
Redaktion:
Wolf-Dieter Thiem
Alexander Kuckuk
Text:
Wolf-Dieter Thiem
Graphische Gestaltung:
Mendell & Oberer, München
Gesamtherstellung:
Druckerei Rünzi, Schopfheim

© 1992
Vitra Design Museum, Weil am Rhein, und die Autoren

ISBN 3-9802539-9-6

Vitra Design Museum

Supplement zum Reprint "Der Stuhl" von Heinz und Bodo Rasch und zur Ausstellung "Praktiker der Avantgarde. Vom Experiment zum Klassiker".